Bloc
d'activitats

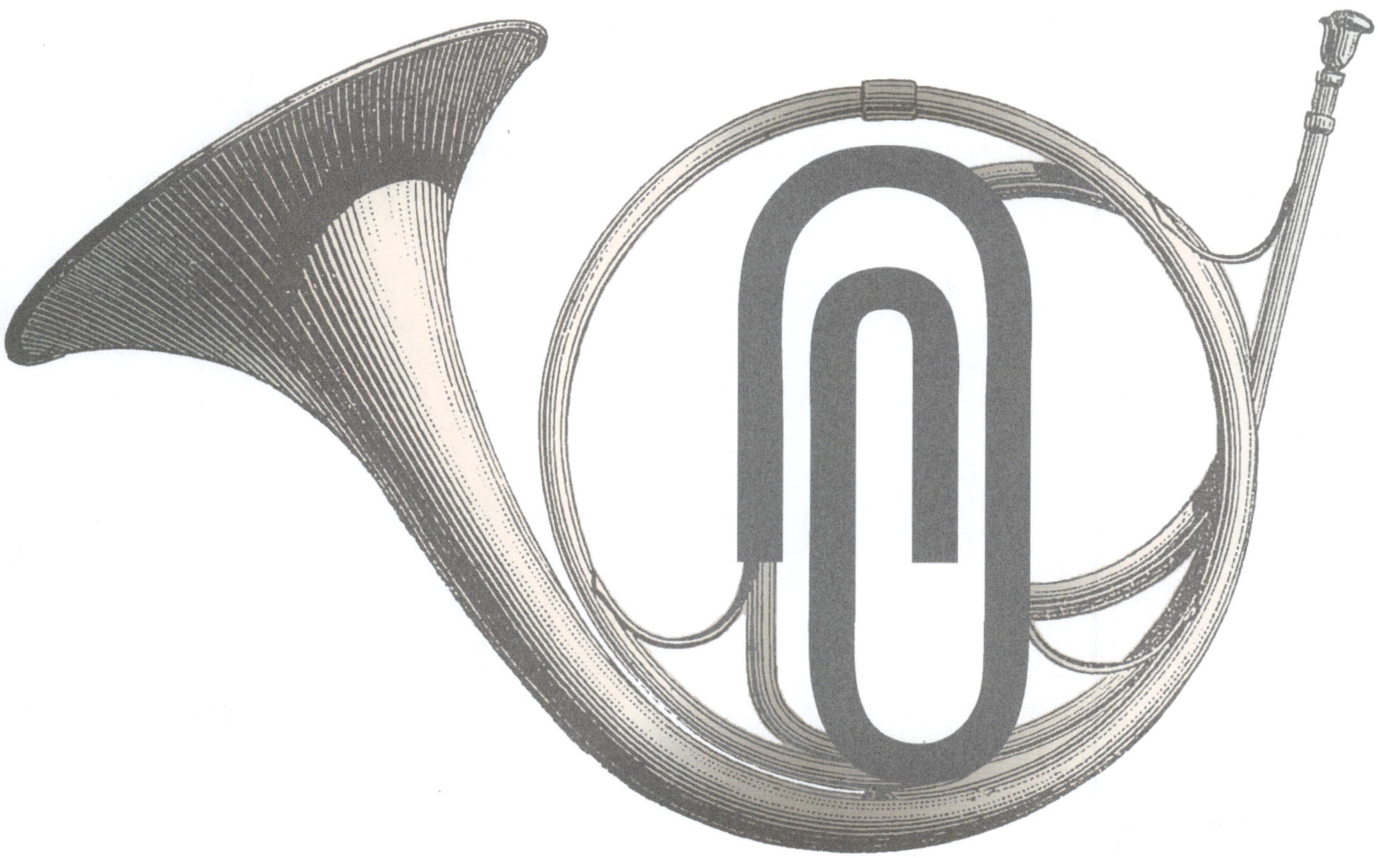

II ESO
Música

R. Sabater

TEIDE

Coberta
La Page

Disseny de maqueta
Anglofort, Naono SL

Il·lustracions
Kaffa

Fotografies
AGE Fotostock, Album, Arxiu Teide, Dreamstime, P. Carrión, M. Clemente, Index, Prisma

Preimpressió
Anglofort

Primera edició, 2015

info@editorialteide.com
www.editorialteide.com

ISBN: 978-84-307-9013-5
Dipòsit legal: B-18582-2015
Imprès a Índice SL - Fluvià, 81-87 - 08019 Barcelona

Índex

Competències bàsiques

Música

La persona que té bones competències musicals és la que sap gaudir **escoltant** i tocant **música**, gràcies al desenvolupament de la seva **sensibilitat** i dels seus **coneixements** musicals.

1. Contesta els qüestionaris.

Experiència musical

a) A primer d'ESO vas tocar la flauta?

Sí.

b) Escriu el nom d'alguns temes o cançons que recordis haver tocat.

Te voy a esperar, frozen, imagine ...

c) A primer d'ESO vas preparar alguna coreografia amb companys?

No.

d) Estudies en alguna escola de música o toques pel teu compte algun instrument? Quin?

No

e) T'agradaria tocar un instrument? [X] Sí [ ] No Quin? la flauta

f) Tens a casa una flauta, un petit teclat o algun altre instrument musical?

Si tinc una flauta.

g) Fas cap activitat relacionada amb la música com cantar en una coral, ballar, jugar sovint amb un joc musical a l'ordinador o a la consola de jocs?

No.

h) T'has baixat alguna aplicació amb el mòbil relacionada amb la música? Quina?

Si spotify, shazam, mp3 dowlander.

Gustos i preferències

a) Quin estil de música t'agrada més?

El regaettan.

b) Escriu el nom de dos grups, cantants o discjòqueis que t'agradi molt escoltar.

M'agrada escoltar molt Farruko i Jbalvin.

c) Què és el que t'agrada més fer a les classes de música? Cantar, tocar instruments, aprendre a llegir música, o escoltar música?

És tocar instruments.

Entorn

a) Tens algun amic o amiga que estudiï música?

Sí uns quants.

b) Tens algun avantpassat que hagi estat músic?

No.

c) Algú de la teva família canta en una coral?

No.

d) Hi ha algun grup de música al teu centre educatiu?

Crec que sí.

2. Completa les preguntes sobre diferents elements de la música.

Durada

a) Col·loca les línies divisòries.

b) Completa la partitura amb les figures rítmiques de blanca –dues pulsacions– o negra –una pulsació.

Altura

a) Posa el nom que falta a les notes de la següent melodia:

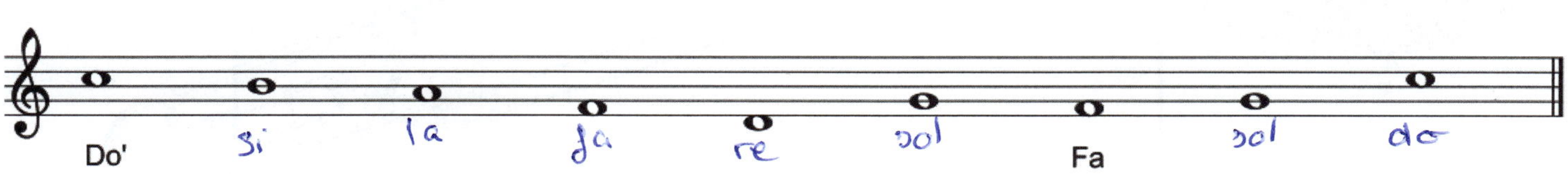

Timbre

a Escriu una C, una V o una P al costat dels instruments de la llista següent segons que recordis que siguin de corda, de vent o de percussió:

[V] Trompeta	[C] Violoncel	[V] Trombó	[V] Trompa
[P] Triangle	[V] Tuba	[V] Flauta	[C] Contrabaix
[C] Viola	[P] Pandereta	[C] Violí	[V] Clarinet
[C] Guitarra	[P] Xilòfon	[C] Arpa	[V] Oboè

b) Posa el nom dels instruments.

3. Mira les següents flautes i recorda la posició de cadascuna de les notes. Estan en digitació alemanya. Si no has fet flauta al curs anterior, pots consultar l'apèndix del llibre. Les posicions d'aquestes flautes corresponen a les notes SOL, LA, SI, FA, MI, FA#.

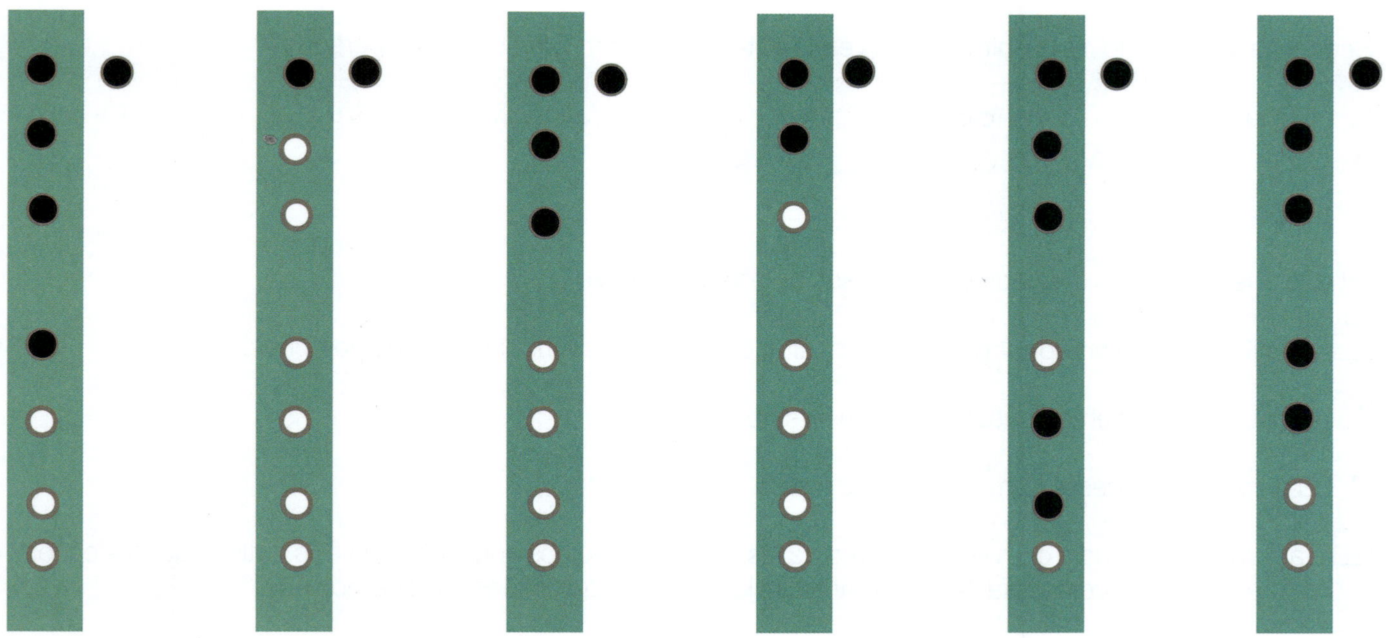

Fa .... Si .... Sol .... la .... Fa# .... Mi ....

4. Ara mira aquestes altres i recorda la posició de cadascuna de les notes: DO, RE, DO AGUT, RE AGUT, MI AGUT i SI BEMOLL.

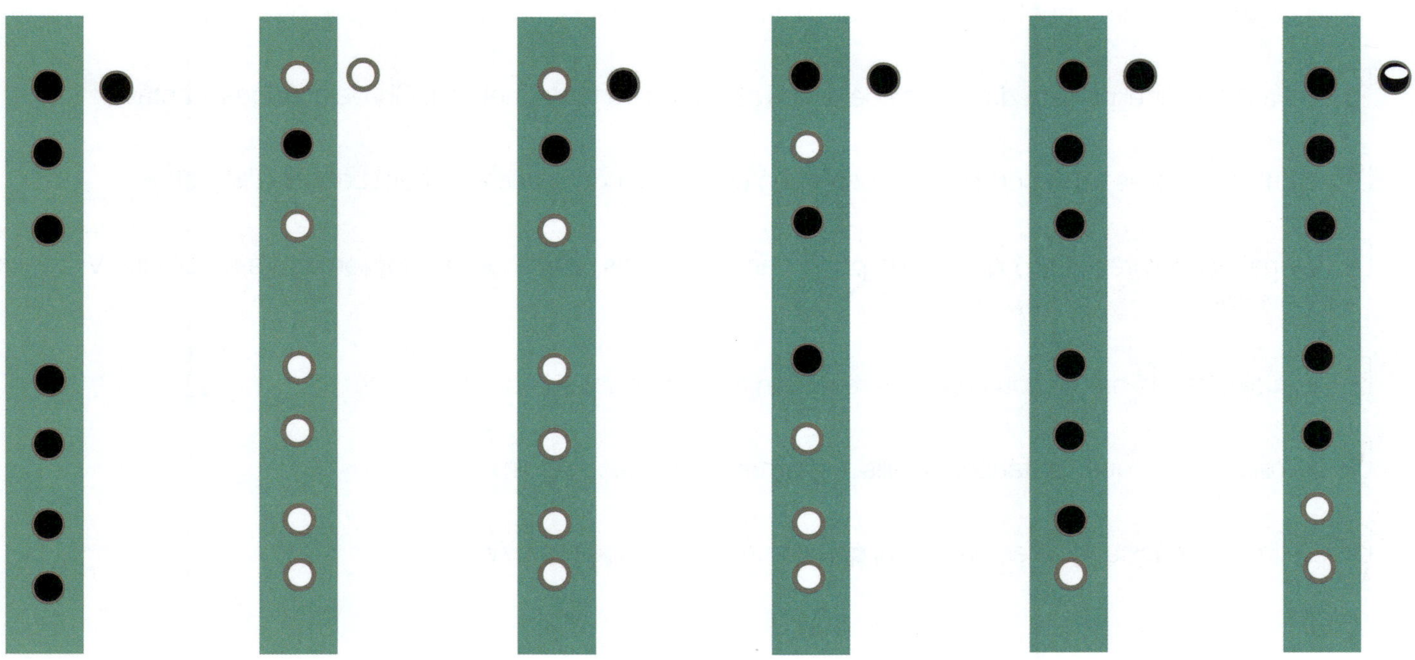

DO .... Re agut .... Do agut .... Si Bemoll .... Mi .... Mi agut ....

1

El poder de la música

1. Segons la introducció de la unitat 1 quins efectes té l'art de la música sobre les persones?

La música ens relaxa, també ens pot far més intel·ligent i problablement també es pot hipnotizar a qualsevol amb la música.

2. Digues si les següents afirmacions són falses (F) o veritables (V):

- [ ] La música és un art sonor que té la capacitat d'influir en les emocions de les persones.
- [F] La veu transmet emocions, els instruments no.
- [F] El cervell no processa la música, ho fa el cor.
- [C] La psicologia estudia com la música afecta les persones: quines zones del cervell s'activen quan s'escolta o s'interpreta música, com es fa l'aprenentatge de la música i com influencia les emocions.
- [F] No hi ha textos escrits que parlin del poder de la música sobre les persones.
- [F] La veu i el cant de les sirenes van ser considerats pel poeta Homer com a molt influents en els mariners que les escoltaven.
- [C] La llegenda del flautista d'Hamelín ens parla del poder dels instruments per influenciar les persones.

3. Llegeix aquestes frases i puntua-les de l'1 al 10, segons si hi estàs molt d'acord o poc d'acord:

- [4] S'ha d'omplir el planeta de violins i de guitarres en lloc de tanta metralla. Chavela Vargas (cantant)
- [9] La música no és un esport per competir, sinó un art per compartir. Abraham Laboriel (baixista)
- [8] La música expressa allò que no es pot dir amb paraules, però que no pot romandre en silenci. Victor Hugo (novel·lista)
- [10] Irònicament, hi ha cançons que ens recorden a qui més volem oblidar. Anònim
- [10] Hi ha cançons que, en tancar els ulls, es tornen persones. Anònim
- [10] Estimada música, gràcies per ser-hi quan no hi havia ningú més. Anònim

4. Completa el quadre amb els elements de la música considerant les definicions següents:

INTENSITAT   ALTURA   RITME   HARMONIA   TIMBRE

Element de la música	Definició
	Durada de les figures rítmiques i la velocitat de la pulsació.
	Altura dels sons en el pentagrama, més aguts o més greus.
	Acompanyament de les notes de la melodia.
	El tipus de so dels instruments o de la veu.
	El volum del so amb què s'interpreta la música.

5. Completa el text sobre la melodia amb la paraula clau.

ESCALES   ALTERACIONS   INTERVALS   NOM DE LES NOTES

- El .... de la melodia està indicat per la clau. La clau de sol és la més utilitzada.
- Les .... són uns signes que es posen davant de les notes i les fan una mica més agudes (♯) o una mica més greus (♭). També hi ha el signe de becaire (♮), que anul·la l'efecte de l'alteració.
- Els .... són les distàncies entre les notes. Es mesuren per tons i semitons.
- Les .... són successions de notes amb una distribució de tons i semitons establerta. L'escala més emprada és l'escala major. Amb les notes de les escales es construeixen les melodies.

6. Mira la semipartitura de la cançó «Sacred Grove» de la unitat 1 del llibre i escriu les notes de la primera veu en els pentagrames sense la durada del so, només les diferents altures.

A
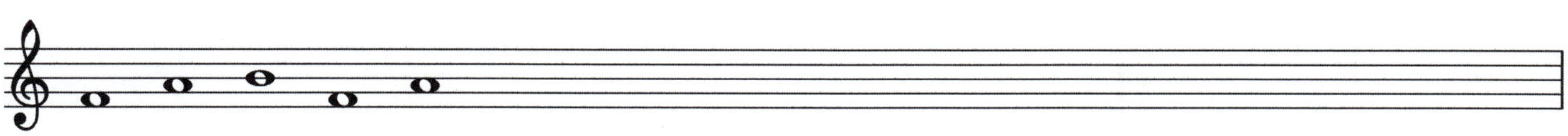

A'
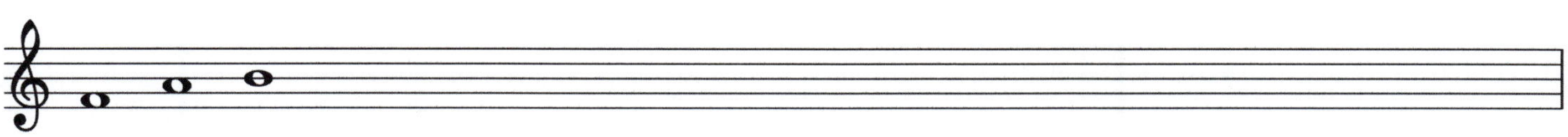

B
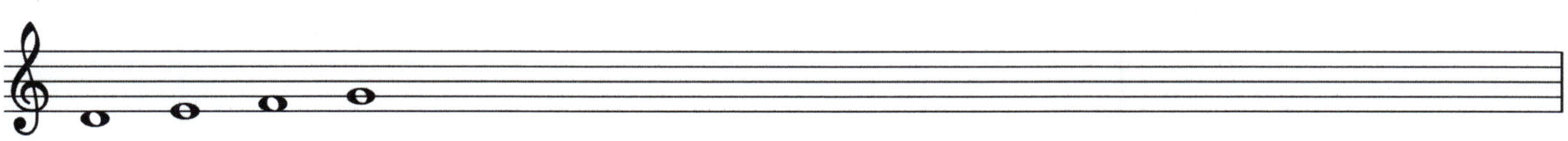

B'
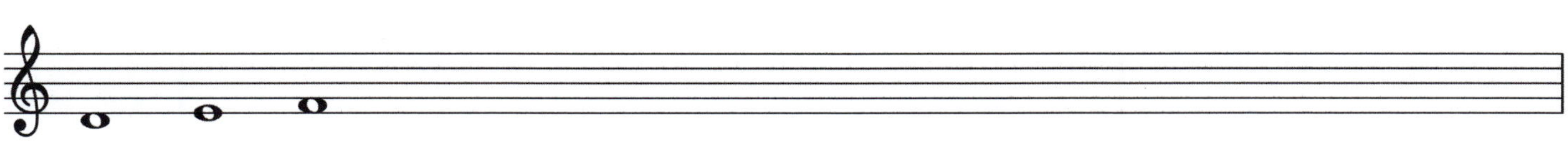

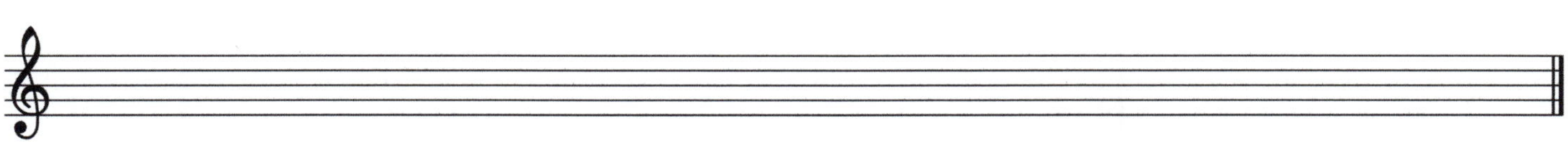

2 Música i matemàtiques

Ritme i matemàtiques

1. Completa el text amb les paraules que relacionen la música amb les matemàtiques del ritme.

MESURA 3/4 PULSACIONS VELOCITAT

FRACCIÓ COMPASSOS RODONA 4/4 MATEMÀTIQUES

Tot en **ritme** és una ....

Els .... són unitats matemàtiques de mesura i estan separats per les línies divisòries.

Dins de cada compàs hi ha els temps o **nombre de** .... dues, tres o quatre depenent del compàs.

El **número del compàs** és una .... que ens indica la proporció de temps per compàs en relació a la rodona, que té quatre temps.

La **unitat de mesura musical** és la ....

El compàs .... ocupa tota una rodona. El compàs 3/4 són .... de rodona. El compàs 2/4 són 2/4 de rodona.

Quan ballem seguim les .... el cos es mou amb la velocitat de la pulsació i el número del compàs.

La .... **de la pulsació** es mesura en **pulsacions per minut**.

2. A quin compàs corresponen les següents sèries de pulsacions: 2/4, 3/4 o 4/4?

3. Posa divisòries en les següents partitures rítmiques. Fixa't en el compàs en què estan escrites:

4. Completa els dictats rítmics següents:

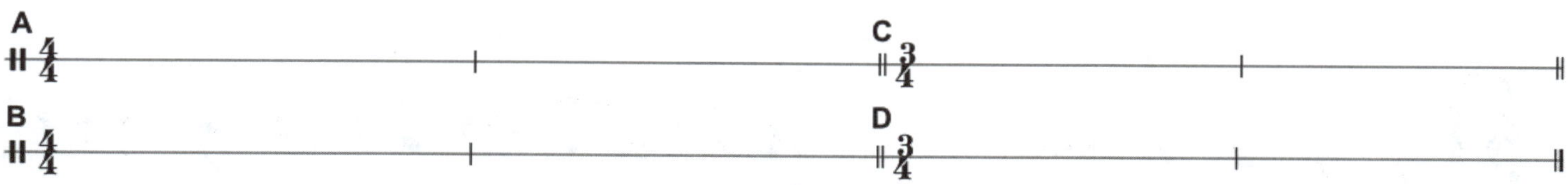

Melodia i matemàtiques

5. Completa el qüestionari.

a) Actualment l'altura del so es mesura en hertz, la quantitat d'ones sonores per segon. Si el la té 440 hertz, quantes ones té aquesta nota per segon?

☐ 440 ones ☐ 60 ones

b) Quina de les dues ones correspon a un so més agut?

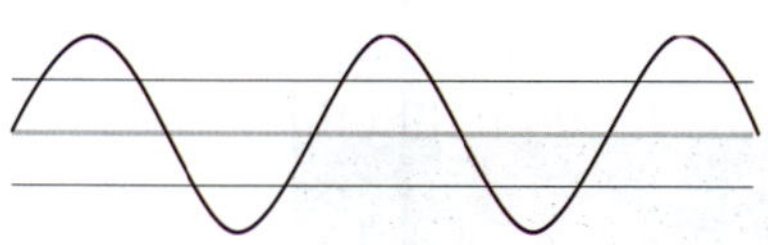

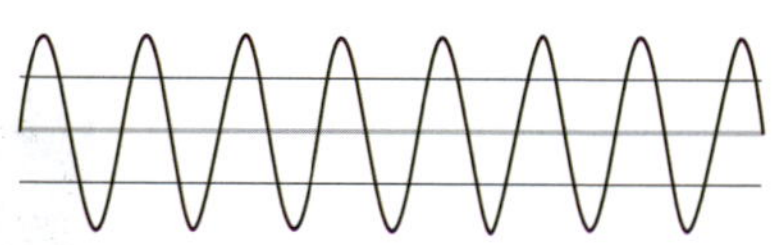

☐ La primera ☐ La segona

c) Mira el teclat i escriu el nombre de vibracions per segon de les següents notes:

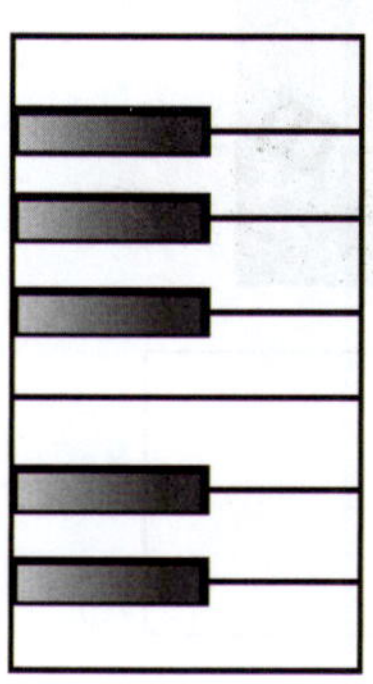

Si	493.88
Sib (La#)	466.16
La	440.00
Lab (Sol#)	415.30
Sol	392.00
Solb (Fa#)	369.99
Fa	349.23
Mi	329.63
Mib (Re#)	311.13
Re	293.66
Reb (Do#)	277.18
Do	261.63

DO → ....

RE → ....

SOL → ....

LA → ....

SI → ....

6. Veritat o fals? Comprova-ho amb la flauta, amb els instruments de classe o amb una goma elàstica tensada sobre una caixa.

- ☐ Com més curta és la columna d'aire de l'instrument, més agut és el so.
- ☐ Com més pressió d'aire, més agut és el so.

- ☐ Com més llarga és la corda, més agut és el so.
- ☐ Els instruments de corda s'afinen amb les clavilles.

- ☐ En els tubs o làmines, com més curta és la placa, més greu és el so.
- ☐ En els instruments de membrana, com més tensada està, més agut és el so.

7. Escriu l'ordre en què sentis els fragments melòdics següents:

■ Intensitat i matemàtiques

8. Quina de les dues aplicacions mesura l'altura del so –afinador– i quina mesura els decibels de so –sonòmetre–?

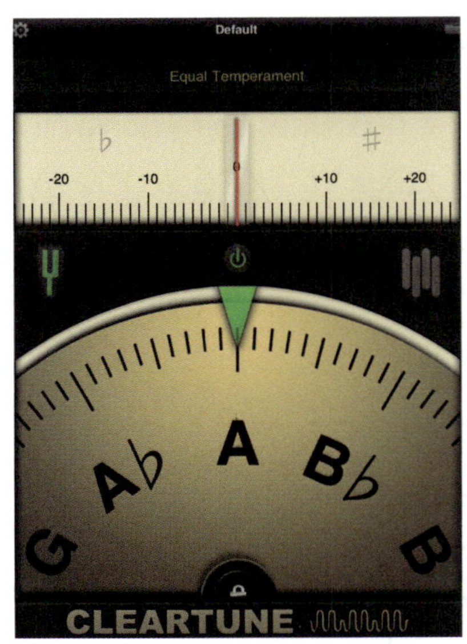

....

....

Harmonia i matemàtiques

9. Hi ha dues maneres d'organitzar l'harmonia d'una peça musical: en vertical o en horitzontal. Quina de les dues paraules ens indica que les veus sonen alhora i la melodia és a la veu superior?

CONTRAPUNT HOMOFONIA

10. Mira l'apèndix i escriu a quin acord correspon cada posició a la guitarra.

Do Major

Re Major

Sol Major

La Major

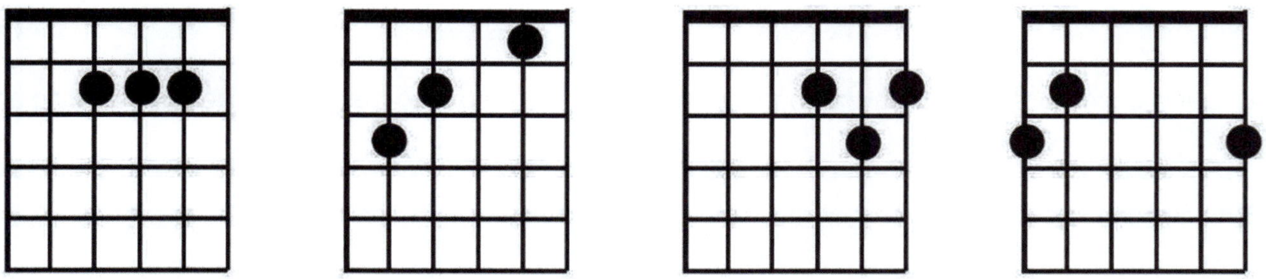

11. Completa el text amb les paraules clau.

ESTRUCTURA ESCOLTAR GEOMÈTRICAMENT RECORDAR FORMA

La música està ordenada .... per temes, repeticions dels temes, uns altres temes que varien, uns que contrasten, la repetició dels temes inicials...

Tota composició segueix una .... Totes les composicions tenen una forma geomètrica, menys les formes lliures que són com una improvisació, per exemple una tocata.

Per escoltar l'estructura o .... d'una composició cal .... bé els temes per poder-los .... quan tornin a sortir.

12. Observa les formes geomètriques. Posa les lletres a sota de cada figura i escriu a quina forma musical corresponen.

RONDÓ CANÇÓ SONATA

A ______ ______ ______ ______ ______

3 Música i història

1. Consideres que ets una persona a qui li agraden les novetats (visitar llocs nous, música nova, roba acabada de dissenyar, amics nous) o t'agraden més les coses conegudes?

Depen de quines coses per exemple roba acabada de dissenyar no m'agrada ficarme' i amics sempre vull tenir amics nous.

2. Quina cançó o tema musical t'agrada i fa molt temps que està composta –més de quatre o cinc anys–?.

La del pop corn.

3. Quina cançó o tema musical t'agrada i ha estat composta el darrer any?

Watch me Silentó.

4. Mira la unitat i ordena els períodes de la història de la música.

ROMANTICISME BARROC RENAIXEMENT CLASSICISME
EDAT MITJANA RUPTURES DEL SEGLE XX

De l'any 500 al 1450 Renaixament

Del 1450 al 1600 Barroc

Del 1600 al 1750 edat mitjana

Del 1750 al 1800 Classicisme

Del 1800 al 1900 Romanticisme

Del 1900 al 2000 Ruptures del segle XX

5. La música és un art que es desenvolupa en el temps. Per això és molt important que diferents inventors hagin trobat maneres perquè la música i la imatge dels músics es puguin guardar. Ordena cronològicament els següents invents que han estat molt importants per a la música:

- [4] Fotografia
- [6] Internet
- [5] Enregistrament en vídeo
- [1] Escriptura musical
- [2] Impremta musical
- [3] Aparell per poder enregistrar la veu i els instruments

Edat mitjana

6. Completa els textos del quadre amb les paraules clau que hi falten.

EMOCIONS JOGLARS LLATÍ A UNA VEU LLENGÜES INSTRUMENTS
RELAXANT ANÒNIMS MARCAT MONJOS PLANA

	Música religiosa 	Música civil 
Textura	A una veu	A una veu, doblada amb instruments
Compositors	Anònims	Trobadors anònims
Intèrprets	monjos	Trobadors i joglars
Text	llatí	llengües de cada lloc
Ritme	Lliure, depenent del text	marcat, amb idea de compàs
Moviment	Lent, sense pressa	Variat, de pulsacions marcades
Melodia	Llarga i ~~relaxant~~ Plana	Cantable, per recordar
Caràcter	relaxant	Sensual, expressa emocions

7. Posa les línies divisòries i escriu el nom sota de cada nota d'aquesta cançó del trobador Berenguer de Palou:

Renaixement

8. Escriu si són veritat o són falses les frases sobre aquest període històric.

- [V] Es considera que el Renaixement va de l'any 1450 al 1800.
- [V] Hi havia curiositat per descobrir el món, es feien grans viatges amb vaixell.
- [F] Al Renaixement no s'interessaven en com funciona la natura ni el cos humà.
- [V] Es valorava la bellesa i es vivia amb sensualitat.
- [V] Ja no es feia només música a una sola veu, s'experimentava amb més veus.
- [V] Es va trencar una mica el poder feudal, i van guanyar protagonisme les ciutats i l'activitat comercial.
- [V] El poder econòmic es va situar en diferents nuclis: el que ara és Bèlgica i els seus voltants, la part del nord de la península italiana, Roma, Anglaterra i Espanya.

9. Al Renaixement, la religió cristiana es va dividir en catòlics i protestants. Al segle XXI encara es manté aquesta divisió. Completa el text amb les paraules clau.

ENLLACEN MELODIES COMPLICADES POPULAR CATÒLICA

LOCALS PROTESTANT LLATÍ VEUS CONTRAPUNT

- La música protestant feia servir els idiomes locals amb melodies clares i fàcils de recordar i amb totes les veus sonant alhora. Les melodies estan inspirades en la música populars
- La música catolica continuava sent en llatí i amb composicions molt complicades amb línies melòdiques que s'enllacen entre si: el contrapunt

10. Al Renaixement es va inventar la impremta musical i s'editaven partitures i cançoners. Contesta el qüestionari.

a) Què és un cançoner? Persona que canta cançones

b) Quin cançoner va ser molt important a l'època dels Reis Catòlics?
El cancionero de Palació

c) Quantes composicions té? ......

d) On està guardat ara? ......

e) En quin idioma estan la majoria de les cançons? ......

f) Quin compositor va ser molt important a la cort dels Reis Catòlics? ......

g) Escriu el nom de dues cançons d'aquest compositor: ......

h) Mira les activitats i escriu el nom del compositor espanyol més important de música religiosa. ......

Barroc

11. Contesta el qüestionari sobre l'època i la música del Barroc (1600-1750).

a) En el Barroc hi havia grans monarquies o petits regnes? Grans monarquies.

b) Per celebrar el poder i les victòries de les batalles guanyades, les grans corts necessitaven música dolça i sensible o música grandiosa i contrastada? Era grandiosa i contrastada.

c) En la melodia, agradaven els sons aguts i brillants o greus i foscos? Sons aguts i brillants.

d) El ritme de les composicions és natural o repetitiu? És repetitiu.

e) Els instruments més utilitzats són els de corda, però n'hi ha un de tecles que sol fer els acompanyaments. Quin és: el piano o el clavicèmbal? El clavicèmbalo

f) La intensitat de so és de canvis graduals o és contrastada entre forts i fluixos? És constrastada.

g) Es componen peces com les col·leccions de danses. Són totes molt ràpides o contrasten les ràpides amb les lentes? Es contrasten en ràpid i lent.

h) Agraden els cantants i els intèrprets d'instruments que es llueixen interpretant música molt difícil o els agrada que no destaquin gaire? Els que es llueixen.

12. Qui és qui? Busca informació a Internet sobre els tres compositors més importants del Barroc: Händel, Bach i Vivaldi. Associa cada imatge amb la seva biografia.

Nom	Bach	Häendel	Vivaldi
País i any de naixement	Alemania 21/3/1685	Alemanya 5/3/1685	Venecia 4/3/1678
País i any de defunció	Alemania 28/7/1750	Londres 14/4/1759	28/7/1741
Obres importants	Tocata i fuga en re menor, BWV 565 BWV 140 Preludi en do mayor	Sémele Acis Galatea Hercules	Primavera Veranos Otoño Invierno

13. Busca a les activitats i marca quins instruments de corda hi ha a l'orquestra de corda que toca el «Concerto Grosso», de Corelli.

- [X] Violins, arpa i violoncels
- [ ] Violins, violes i guitarres
- [ ] Clavicèmbal, arpa i violins
- [ ] Violins, violes i violoncels

Classicisme

14. Subratlla les paraules que defineixin millor el gust musical de l'època. Com agradava la música?

CONTRASTADA   AMABLE   APARATOSA   ELEGANT

15. En el Classicisme apareix una nova forma d'organitzar les composicions musicals, la sonata. La forma sonata és com una novel·la o com una pel·lícula, amb una exposició del tema, un nus i un desenllaç. Escriu en el quadre les paraules clau de la forma sonata.

Tema A   RESOLUCIÓ   Tema A   EXPOSICIÓ   Tema B   DESENVOLUPAMENT   Tema B

		Juga amb els temes exposats, amb A, amb B o amb tots dos.		

16. Qui és qui? Busca informació a Internet sobre els tres compositors més importants del Classicisme: Haydn, Mozart i Boccherini. Associa cada imatge amb la seva biografia.

Nom	Joseph Haydn	Rodolfo Boccherini	Mozart
País i any de naixement	Austria 31/5/~~1809~~ 1732	Italia 19/2/1743	27/1/1756 Austria
País i any de defunció	Austria 31/5/1809	España 28/3/1805	5/12/1791 Venecia
Obres importants	Simfonía nº 101 Simfonía del relotge 2º moviment. Sonata 62, Hoboken	124 Quintets de corda. 90 cuartets de corda. 48 trios	Haffner Linz. Praga adagios

Romanticisme

17. Relaciona les paraules clau amb els textos.

- **a)** Música simfònica
- **b)** Música de saló
- **c)** Piano
- **d)** Música nacionalista
- **e)** Grans compositors romàntics

- Aquest instrument va ser el rei de les cases i de la música. Les noies tocaven el piano.
- Estava interpretada per grans orquestres que donaven dramatisme, plenes d'instruments de vent-metall i de percussió.
- Són molts músics: Beethoven, Schubert, Chopin, Brahms i molts d'altres.
- Era la que es tocava amb piano sol o acompanyant la veu o un altre instrument.
- Va ser el moment de la música espanyola, de la música d'Escandinàvia i de Txèquia.

18. Qui és qui? Busca informació a Internet sobre tres dels grans compositors romàntics: Beethoven, Schubert i Chopin. Associa cada imatge amb la seva biografia.

Nom	Schubert	Van Beethoven	Chopin
País i any de naixement	Àustria 31/1/1797	16/12/1770 Alemanya	22/2/1810 Varsòvia
País i any de defunció	Àustria 19/11/1828	26/3/1827 Àustria	17/9/1849 França
Obres importants	Misa nº2 en Sol Sanctus Benedictus	nº9 simfonia Leonora nº3	Preludi en mi menor op 28ºn Nocturn en mi bemoll mayor

Segle xx

19. Escriu si són veritables o falses les frases sobre la música del segle xx.

a) És elegant i molt igual a la música composta al Classicisme. F

b) És molt experimental i trencadora amb tot el que s'havia compost anteriorment. C

c) Desperta sensacions. C

d) Desperta sentiments. F

4 Música i tecnologia

1. Les primeres tecnologies aplicades a la música daten de la prehistòria. Descriu la imatge següent considerant la forma, la funció, el material i les eines utilitzades:

2. Contesta el qüestionari sobre la tecnologia dels instruments de vent-metall.

   a) Al principi els instruments es fabricaven amb aliatges de coure i estany, el bronze. En l'actualitat de quin aliatge es construeixen? Quines propietats té?

   b) Què es feia perquè els instruments no fossin tan llargs com les trompetes egípcies, es corbaven o es feien els tubs més prims?

   c) Quina família d'instruments de l'orquestra són una evolució de les trompetes egípcies i dels clarins romans?

   d) Al segle XIX es van introduir a alguns instruments de vent-metall uns mecanismes que van permetre escurçar i allargar el cos de l'instrument. Com s'anomenen?

   e) Explica la diferència entre aquestes dues trompetes. Quina és més antiga?

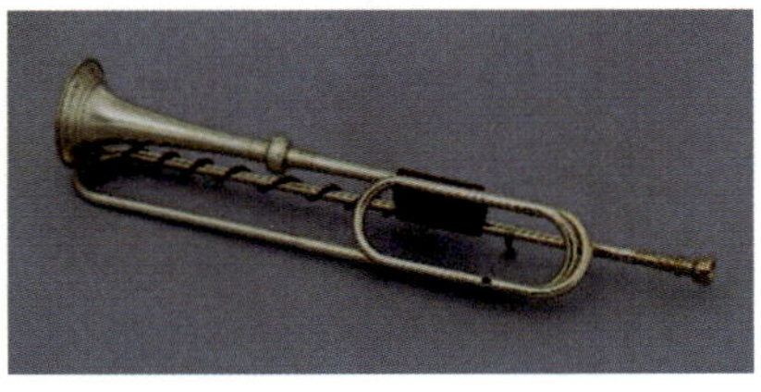

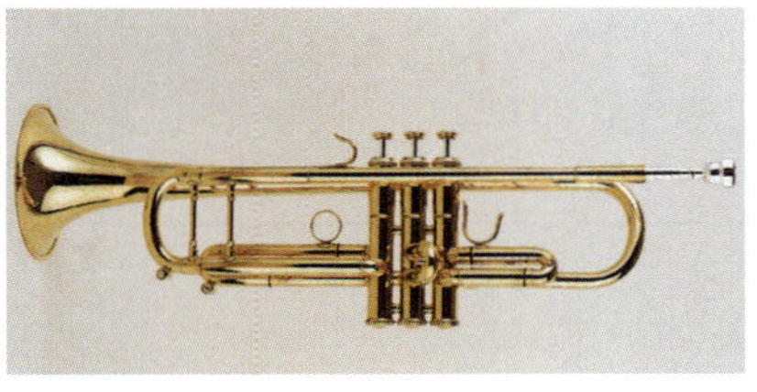

   f) Quina funció tenen els instruments de vent-metall?

3. Contesta si són veritables o falses les frases sobre els instruments de vent-fusta.

a) Tots els instruments de vent-fusta són de fusta menys el saxòfon.

b) Al principi tots els forats es tapaven amb els dits, però al segle XXI s'hi van introduir uns mecanismes que tapen els forats i permeten trobar les notes en diferents posicions.

c) La **flauta** és l'instrument més antic.

d) L'**oboè**, el **corn anglès** i el **fagot** tenen doble canya. Els egipcis ja feien servir instruments de doble canya i n'hi ha a totes les cultures del món.

e) El **clarinet** també és de doble canya i es va inventar a l'època de la Revolució Francesa.

f) El **saxòfon** és un instrument d'una canya que es fa servir molt a les bandes, poc a l'orquestra i molt al jazz.

4. Respon les qüestions sobre la tecnologia dels instruments de corda.

a) Com s'anomenen els professionals que construeixen i reparen els instruments de corda? ....

b) Les cordes sonen molt fluix. Com s'amplifica el so dels instruments de corda? ....

....

c) Quantes cordes tenen els instruments de la família orquestral de la corda? ....

d) Al segle XVIII es van construir els violins que encara ara porten els grans solistes. De quines marques són?

....

e) Quantes cordes té una guitarra? Des de quan? ....

f) De quin material es feien les primeres cordes? ....

g) Com s'afinen els instruments de corda? ....

h) El piano és un instrument de corda fregada, pinçada o percudida? ....

i) De quin material és l'arpa on van tensades les cordes del piano? ....

j) Quin material envolta els martells de fusta que percudeixen les cordes del piano i fa que sonin d'una manera més agradable que si piquessin directament la fusta? ....

k) Quines dues accions fan les tecles per poder tocar una nota? ....

l) Què creus que són els apagadors del piano? ....

5. Per a què serveixen els micròfons i els amplificadors? ....

....

6. Relaciona cada paraula amb la frase corresponent: 1) Moog, 2) Programes musicals, 3) Sampler, 4) MIDI

☐ Primer instrument que va generar sons i es va fer servir comercialment per compondre música.

☐ Sistema perquè s'entenguin informàticament tots els aparells connectats per fer so.

☐ Captura un so i permet utilitzar-lo a diferents altures.

☐ Permeten compondre i escoltar el que s'ha compost immediatament amb un ordinador.

5 Música i art

1. Els gèneres musicals són una classificació de la música. Completa el text amb les paraules que falten.

MÚSICA RELIGIOSA   MÚSICA INSTRUMENTAL   MÚSICA CIVIL
MÚSICA DESCRIPTIVA   MÚSICA PURA   MÚSICA VOCAL

Musica instrumental: composta només per a instruments.
Musica religiosa: composta per a la veu, però pot estar acompanyada per instruments.
Musica vocal: composta per lloar Déu o déus.
Musica profana: tota la resta de música que no és religiosa.
Musica pura: no té argument.
Musica descriptiva: s'inspira en elements que no són música: paisatges, quadres, històries, caràcters...

2. Escriu els components de la cadena de comunicació artística i de la cadena de comunicació de la música.

PÚBLIC   OBRA   CREADOR   INTÈRPRET

CREADOR → intèrpret → PÚBLIC

(director d'orquestra)

Creador → OBRA → intèrpret → public

(partitura)   (enregistrament)

3. Escriu si les següents frases són veritables o falses:

a) L'intèrpret és el primer artista de la cadena de comunicació musical. Falso
b) Per compondre necessita inspiració i fer la feina d'escriure l'obra. V
c) L'obra del compositor queda plasmada en una partitura. V
d) La partitura sona només quan el compositor la toca. F
e) El compositor té un paper fonamental, ja que d'ell depèn que la cadena no es trenqui i l'obra de la partitura arribi al públic tal com ha estat imaginada per l'intèrpret. Falso

4. Per què són importants les obres d'art amb imatges de música de l'antiguitat?

....
....
....

5. Descriu la següent escena d'aquest mosaic romà:

Estaven celebran una festa d'oci.

6. Observa els tres quadres, tenen el mateix instrument com a protagonista: és un llaüt. Ordena les tres imatges de la més antiga a la més actual. Una correspon a l'edat mitjana; una altra, al Renaixement, i l'altra, al Barroc.

L'edat mitjana

Barroc

Renaixament

7. Encercla les imatges que creguis que serveixen per immortalitzar la figura d'un geni musical.

Arpa Egipte

Bach

Mozart

Pau Casals

EDWARD GREG

8. S'han escrit moltes obres literàries dedicades a la música. Relaciona els gèneres literaris amb els textos musicals.

- **a)** NOVEL·LES
- **b)** BIOGRAFIES
- **c)** CRÍTICA MUSICAL
- **d)** ASSAJOS
- **e)** TEXT QUE ES CANTA

- Presentació d'un concert, o crítica d'aquest concert després d'haver-se portat a terme, en un diari, una revista o un blog a càrrec d'un periodista especialista en música.
- La lletra de les cançons –que elaboren els lletristes– o el llibret de les òperes –que elaboren els llibretistes.
- Escrits sobre algun aspecte musical, com un instrument o un estil de música.
- Escrits sobre la vida dels grans genis de la música.
- Narracions en què la música és molt present en l'argument.

9. Escriu les paraules clau sobre la música a les arts escèniques: teatre, ballet i òpera.

BALLET MÚSICA INCIDENTAL O MÚSICA D'ESCENA ÒPERA
BALLETS INCIDENTALS TEATRE MUSICAL O PEL·LÍCULA MUSICAL

a) ....: tota l'obra o gairebé tota és cantada i té un text i una música.

b) ....: és la que acompanya, és com una «música de fons» que crea una atmosfera per a l'acció.

c) Un .... és l'obra musical que es balla del començament al final.

d) Els .... solen ser escenes en què en la vida normal es ballaria.

e) L' .... és l'art total, per la música, el text, la plàstica dels decorats i la interpretació de l'argument.

10. En el cinema trobem dues maneres d'entendre la música. Mira el fotograma d'una pel·lícula i digues de quin tipus de música es tracta.

- **Música diegètica** d'una escena: la música sonaria si la pel·lícula fos realitat. La música forma part de la narració.
- **Música incidental:** es posa per enllaçar escenes o per reforçar el que diuen les imatges: una persecució, una escena d'amor, una escena de combat...

És música ....

Sense and Sensibility.

11. Mira la partitura de la marxa de la pel·lícula *Star Wars* i posa les línies divisòries on correspongui.

12. «Quadres per a una exposició» és una suite de diferents peces, composta per Mussorgski. Cadascuna d'aquestes peces està inspirada en un quadre. La primera peça és el passeig amb pas irregular entre un quadre i el següent. Com que no és un passeig amb un ritme marcat, el compositor ha fet servir compassos poc ordenats; ha combinat compassos en 5/4 i en 6/4.

Mira els temps que hi ha a cada compàs i escriu el número de la fracció del compàs que correspongui. Si no canvia no cal tornar-lo a escriure.

6 Música i caràcter

1. El caràcter de les cançons el donen la lletra i la música. El caràcter musical és necessari:

EXPRESSAR DEFINIR EL CARÀCTER DESCRIURE

- Per .... paisatges.
- Per .... d'algun personatge d'òpera o de pel·lícula.
- Per .... unes situacions emocionals determinades.

2. El caràcter musical són les emocions que transmeten una determinada música: alegria, tristesa, dinamisme, relaxació, por o dolçor. Escriu el nom de cançons o temes de pel·lícules que comuniquin els caràcters següents:

Tema alegre: .... Tema romàntic i dolç: ....

Tema angoixant: .... Tema enèrgic: ....

3. Dins d'una mateixa composició hi ha diferents caràcters. La primera audició de la unitat és la marxa d'uns soldats a la guerra. Representa l'anada a un combat i es necessita música enèrgica, però com que és una composició per tocar a palau està combinada amb una música de caràcter més suau. Compta el nombre de compassos de cada tema enèrgic i de cada tema dolç que contrasta.

Intro percussió	**Tema A** fort amb metalls	**Tema B** fluix corda	**Tema A** fort amb metalls	**Tema C** fluix corda	**Tema A** fort amb metalls
Nombre de compassos					

4. A la unitat es presenten dos temes del compositor italià Rossini. Aquest compositor, a les seves òperes, sap plasmar molt bé el caràcter que ha de tenir la música segons l'argument i el que està passant en cada moment. Rossini dibuixa les emocions del text i descriu situacions. Contesta les preguntes sobre la biografia d'aquest compositor tan famós.

Compositor italià nascut a Pesaro l'any 1792 i mort a París l'any 1868. Situat cronològicament entre els últims grans representants de l'òpera napolitana i els primers de la romàntica (Bellini i Donizetti), Rossini ocupa un lloc preponderant en el repertori líric italià gràcies a òperes bufes com *El barber de Sevilla*, *La Cenerentola* o *L'italiana in Algeri*, que li han donat fama universal i han eclipsat altres títols no menys valuosos.

Fill d'un trompetista que col·laborava amb les orquestres dels teatres de la província i d'una soprano que va dur a terme una curta carrera, l'existència de Rossini es va veure lligada, des de la infància, a l'univers operístic. Alumne del Liceu Musical de Bolonya des del 1806, en aquesta institució va tenir com a mestre de contrapunt el pare Mattei i va entrar en contacte amb la producció simfònica dels clàssics vienesos, Mozart i Haydn, que exercirien una notable influència en la fisonomia instrumental de les seves grans òperes, d'una riquesa tímbrica i de recursos que jugava amb la intensitat del so, els cèlebres i característics *crescendi* rossinians, desconeguts en la Itàlia del seu temps.

Dotat d'una gran facilitat per a la composició, els títols es van anar succeint l'un darrere l'altre sense pausa (va arribar a estrenar fins a quatre òperes al mateix any). A París, ciutat en la qual es va establir el 1824, va compondre i va donar a conèixer la que seria la seva última partitura per a l'escena, *Guillem Tell* (1829). Malgrat el seu èxit, el compositor va abandonar per complet la composició d'òperes quan tenia trenta-set anys i per raons desconegudes.

a) Els seus pares eren músics? ....

b) En quins oficis de la música treballaven? ....

....

c) Quins dos compositors de l'òpera romàntica s'anomenen a la biografia? ....

....

d) Les òperes bufes són les que tenen un argument de caire còmic. Quines són les òperes bufes de més èxit de Rossini? ....

....

e) A l'escola de música on va estudiar va conèixer la música de dos grans compositors de música simfònica de l'elegant Classicisme. Quins compositors eren? ....

f) La música de Rossini és molt rica en instrumentació i en timbres, però també fa servir un altre recurs molt nou lligat a la intensitat del so. S'ha fet famós perquè fa *crescendi* amb l'orquestra o *diminuendi*? ....

....

g) Rossini estava molt dotat per a la composició? Va escriure moltes obres o poques? ....

....

h) Va compondre òperes durant tota la seva vida o va deixar de compondre sobtadament? ....

....

i) Quina ària i quin interludi instrumental has escoltat a la unitat? ....

....

5. En un grup de molts músics com és una orquestra simfònica, quina és la persona que dóna el caràcter a l'obra, que explica com vol que soni i ho mostra amb les seves gesticulacions?

- ☐ El primer violí
- ☐ L'amo de la sala de concerts
- ☐ El director de l'orquestra

6. Qui dóna caràcter a una música? Escriu les paraules clau.

EL PÚBLIC EL COMPOSITOR L'INTÈRPRET

- .... juga amb els recursos sonors, els elements de la música, per compondre peces que provoquin unes emocions determinades.
- .... transmet cantant o tocant el caràcter que vol el compositor.
- .... descodifica mentalment els diferents caràcters i sent les emocions.

7. El so descriptiu ens dóna informació del que està passant al nostre entorn. Hi ha compositors que, jugant amb els elements de la música, imiten sons reals. Quins tres elements de la natura estan descrits a les audicions de la unitat?

- ☐ Un bosc, una tempesta i les mosques i els borinots
- ☐ Una tempesta, les mosques i els borinots, el transcurs d'un riu
- ☐ Una tempesta, el transcurs d'un riu i la sortida del sol

7 Música i escriptura

1. Completa el text sobre la partitura amb les paraules clau.

COMPOSITORS ANOTACIONS RECORDAR GRÀFICA PARTITURA

Una partitura és una manera .... d'anotar el so.

Les partitures són necessàries per aprendre i .... una peça musical.

Gràcies a les partitures no s'han perdut les obres dels ....

Els músics de música clàssica han de tocar tot el que està escrit a la .... Allà hi tenen totes les .... de com vol el compositor que soni exactament.

2. Qüestionari sobre la imatge.

a) Es pot considerar una partitura?

b) Quina informació creus que ofereix aquesta escriptura?

....

....

....

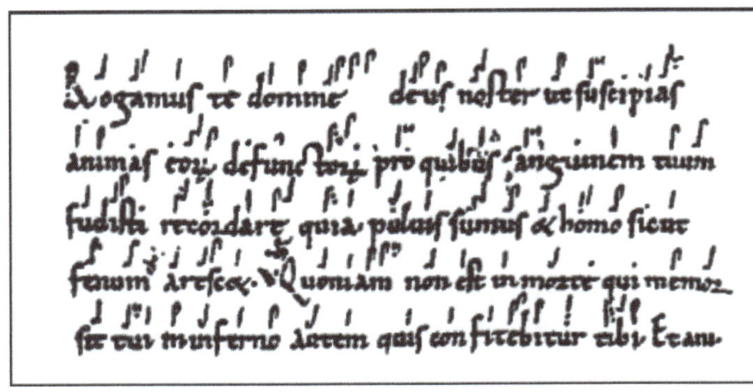

3. Mira les dues partitures i contesta el qüestionari.

PARTITURA I

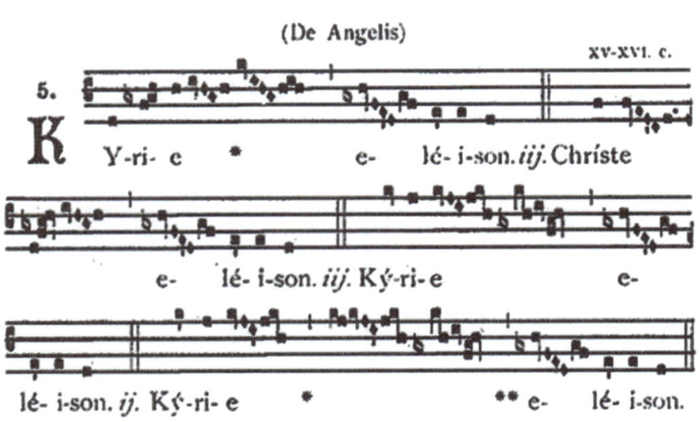

PARTITURA II

a) Hi ha el compàs escrit o el ritme és lliure? ....

b) Quantes línies hi ha per escriure les notes, és un tetragrama o un pentagrama? ....

c) A quina partitura hi ha síl·labes que es canten amb moltes notes, a la I o a la II? ....

d) Encercla les síl·labes i les notes de la primera partitura que es cantin sobre una vocal molt llarga, amb moltes notes.

e) En quin idioma està el text? ....

4. Història de la partitura. Contesta el qüestionari.

a) Després de segles de provatures, quin monjo professor de música va inventar –al voltant de l'any 1000– la manera d'anotar l'altura del so en un tetragrama? ....

b) A les seves partitures la durada del so era exacta o simplement les notes estaven més juntes o més separades?

....

....

c) Quan va ser necessària l'escriptura de la durada del so? ....

....

d) Quin sistema de proporció tenen les figures rítmiques: de doble i meitat o cada figura és una desena part de l'anterior? ....

e) A quin segle es va inventar la impremta musical? ....

f) Es va inventar primer la impremta de lletres o la de música? ....

g) Qui va inventar la impremta de lletres? ....

h) Hi havia molta demanda de partitures impreses o les continuaven copiant a mà? ....

....

5. Des de finals del segle XVIII fins a l'actualitat les partitures han tingut la mateixa informació. Quina?

....

....

....

6. Mira les partitures de la unitat 10 i completa la partitura de la cançó «Canticorum Jubilo» amb les notes que falten a la primera veu.

7. Llegeix els textos i escriu de quin tipus de partitura es tracta i per a quin instrument està composta.

....

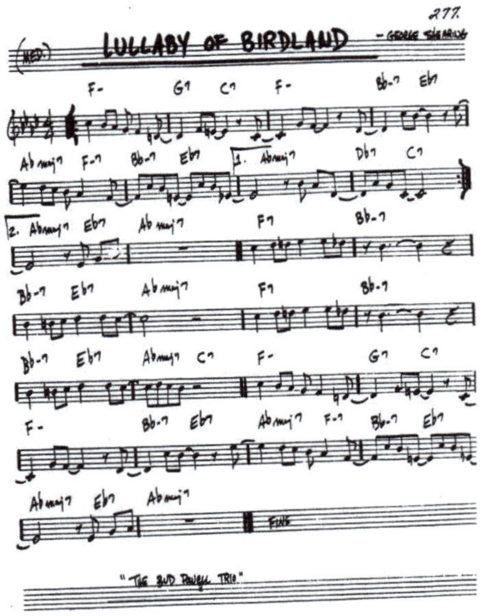

....

....

....

- ✓ **Instruments melòdics.** La partitura està escrita en una línia de pentagrama.
- ✓ **Piano o teclats.** Els pianistes llegeixen dos pentagrames alhora, un per a la mà dreta i l'altre, per a l'esquerra.
- ✓ **Guitarra.** La guitarra és un instrument harmònic, pot fer diferents notes alhora. En la guitarra clàssica l'intèrpret toca la melodia, l'acompanyament i fa el baix. La guitarra clàssica té una partitura complexa, ja que hi ha d'haver les tres partitures en una sola línia de pentagrama.
- ✓ **Música simfònica.** El llibre d'una partitura del director d'orquestra és molt gran. A cada pàgina hi ha tots els instruments de l'orquestra que toquen alhora. Cada músic té la seva particel·la.
- ✓ **Música de cambra.** Hi ha la partitura general i les parts. El pianista ho té tot. Els altres músics tenen les particel-les, és a dir, la seva part.
- ✓ **Cor o coral.** Hi ha la partitura general, no es fan papers per a cada veu: soprano, contralt, tenor i baix.
- ✓ **Jazz.** Com tota la música popular, té poca partitura. La partitura només és un guió perquè cada músic improvisi sobre l'estructura de compassos i acords. La música de jazz es basa en la improvisació.

8. Obre el programa musical MuseScore i copia aquesta partitura del cànon *Tin Ton*:

Al segle XXI es pot compondre directament amb l'ordinador entrant les notes d'una en una amb les tecles o amb el ratolí.

Els compositors senten interiorment el so de les notes que escriuen gràcies a l'audició interior, però amb l'ordinador es pot sentir al moment gràcies a la targeta de so que porta inco ada.

9. Entra aquesta partitura incompleta al programa MuseScore i completa-la amb les notes que vulguis. Vés fent provatures.

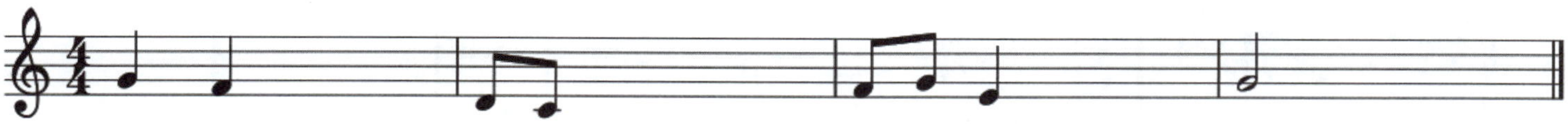

10. Compon amb el programa MuseScore un peça de vuit compassos en 4/4 per a flauta. Escolta-la i quan ja t'agradi la copies aquí, al quadern.

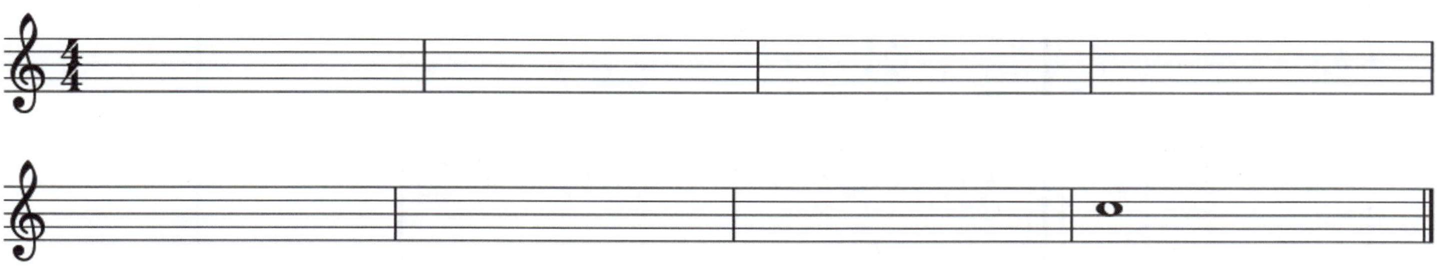

11. Compon amb el programa MuseScore un peça de vuit compassos en 3/4 per a flauta. Escolta-la i quan ja t'agradi la copies aquí, al quadern.

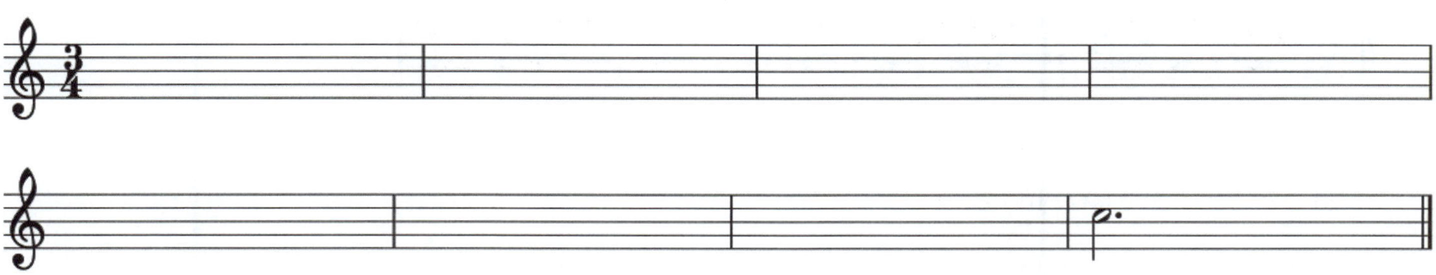

12. Observa aquesta partitura i contesta el qüestionari:

SONATE

a) Quants bemolls té l'armadura? ....

b) En quin compàs està composta? ....

c) Per a quin instrument està escrita, per a un piano o per a una guitarra? ....

d) Comença amb una anacrusi de quatre figures: són corxeres o semicorxeres? ....

e) Si aquest compàs d'anacrusi no compta perquè està incomplet, quants compassos hi ha a la partitura?

....

f) Hi ha signes que indiquen la intensitat del so? ....

g) A la primera línia quina mà fa els acords, la dreta o l'esquerra? ....

h) Quina mà creus que acompanya a l'última línia? ....

i) Quines figures fa aquest acompanyament, negres o semicorxeres? ....

j) Hi ha silencis de negra i de corxera o de negra i de blanca? ....

13. Escull, entre aquests temes musicals, els que t'agradin més per construir un rondó:

- ☐ Cal triar, de primer, quina melodia (1, 2 o 3) es farà servir per a A, B o C.
- ☐ Escriu el rondó amb el programa MuseScore i toca'l amb la flauta i el so del programa.
- ☐ Per elaborar aquesta forma, s'ha de seguir l'esquema A B A C A.
- ☐ Posa-hi un títol i el teu nom com a compositor.
- ☐ Si estàs registrat en el programa pots, publicar la partitura.

1
2
3

Copia en els pentagrames el rondó que has escrit amb el programa informàtic.

A
B
A
C
A

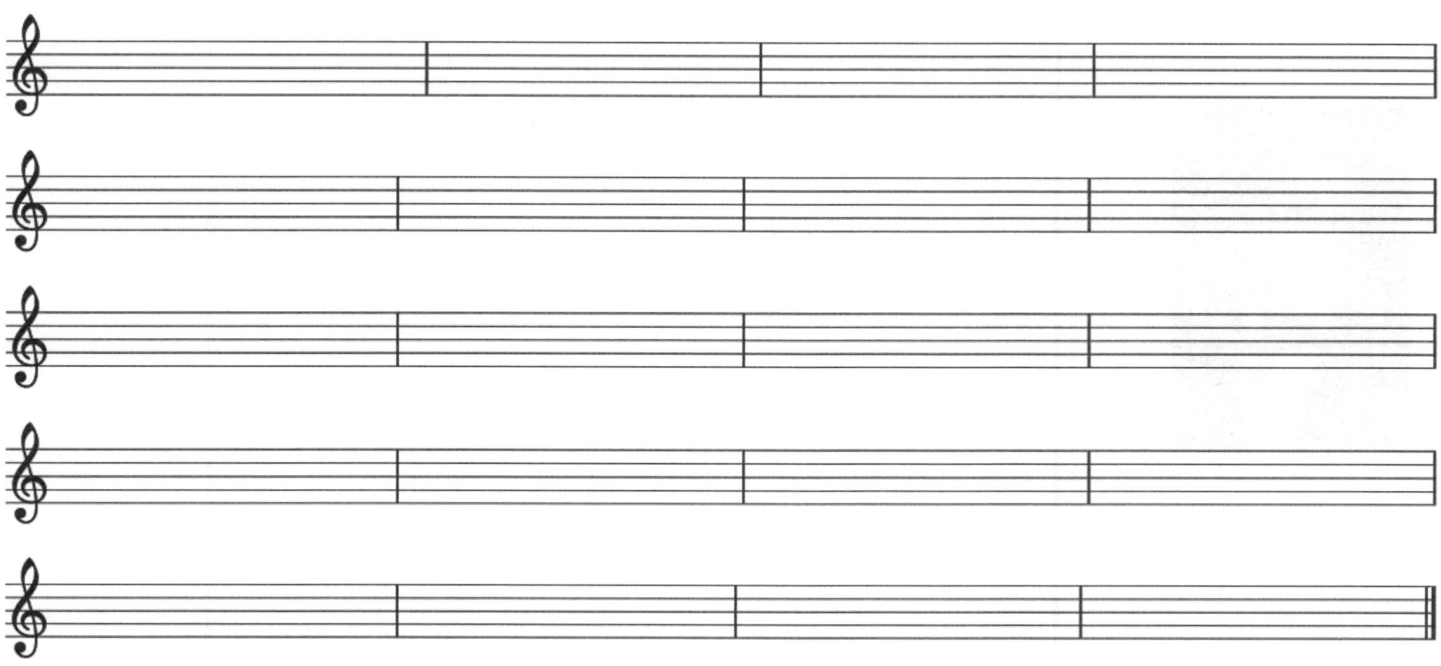

8 Música i músics

1. Escriu les paraules clau.

EL TALENT MUSICAL   LA INSPIRACIÓ   ELS GENIS MUSICALS

.... musical és necessària per compondre música, ja que el músic imagina una idea nova, una música mai composta.

.... és el que fa que una persona compongui unes obres musicals tan fantàstiques que es recordin al cap dels segles o també que sobresurtin entre tots els milers de composicions del moment. Depèn de la facilitat, la passió, la capacitat per inspirar-se i de les hores emprades. No es transmet genèticament.

.... són persones que ja de petites mostren una habilitat i una passió especial per la música. Amb els anys desenvolupen les seves qualitats si tenen un entorn cultural i familiar favorable.

2. Escriu com era l'ofici de músic abans i després del segle XIX.

Abans del segle XIX ....

A partir del segle XIX ....

3. Segons els grecs, quina és la musa de la música i quina és la de la dansa?

....

4. Escriu les paraules clau.

DECIDEIX ESCULL COMPON DÓNA

El compositor és el músic que crea l'obra:

.... la melodia i l'acompanyament.

Busca el ritme,

.... l'estil,

.... forma a l'obra i

.... les sonoritats que faran cada part.

5. Què és la *hookline* d'un tema o una cançó?

....

....

6. Quins instruments estan a l'abast del compositor o del productor per donar color sonor a la seva obra?

....

....

....

7. Per què és important l'estructura d'una composició?

....

....

....

8. Què s'ha de fer per registrar un tema a la societat d'autors?

....

....

9. Com afecta la pirateria al compositor, al productor o a l'intèrpret de música?

....

....

....

10. Escriu si les següents frases són veritables o falses:

a) Els intèrprets mai no componen les obres que toquen.

b) Els intèrprets fan concerts en directe i enregistren les seves interpretacions.

c) Els intèrprets no es diferencien en la interpretació d'una determinada obra.

d) Gràcies a l'enregistrament del so els intèrprets també han pogut passar a la posteritat.

e) No queden gravacions històriques de grans intèrprets abans del segle XX.

11. El productor pot ser l'autor de la cançó, l'enginyer de so de la gravació o interpretar tots els instruments. El més important és que tingui coneixements sobre diferents àmbits del negoci de la música. Relaciona cada coneixement amb la descripció de les funcions del productor.

MUSICALS	• Coneixements d'economia per planificar els costos d'una gravació, i pensar en la intendència dels músics, ja que gravar un disc és una feina molt llarga i laboriosa.
INFORMÀTICS	• Coneixement de programes d'edició i composició de música.
TÈCNICS	• Pràctica de sonoritzacions i coneixement dels components de l'estudi de gravació, acústica, micròfons, cerca de sonoritats.
ORGANITZATIUS	• Habilitat per compondre melodies, ritmes, saber com sonen els instruments acústics i digitals, fer els arranjaments de l'estructura que tindrà la cançó i tocar un instrument harmònic, com la guitarra o el piano.
DIRECTIUS	• Capacitat per planificar les fases de l'enregistrament i calcular els temps de gravació.
COMPTABILITAT	• Capacitat de crear un ambient de treball i saber dirigir els músics i tècnics. Treure el millor de cada músic.

12. Mira la partitura del llibre i escriu la semipartitura de la cançó més famosa de les compostes en la història de la música moderna del segle XX: «Yesterday».

13. Escriu la partitura de la primera veu d'aquest tema d'un conegut productor. No escriguis el ritme, només les notes a les diferents altures amb les notes totes rodones. Escriu cada línia de la semipartitura en una línia de pentagrama.

INTRO
Mi' mi' mi' mi' mi' re' re' mi' mi' mi' /Mi' mi' mi' mi' mi'// re' re' mi' mi' mi'
Sol sol sol sol sol fa# fa# sol sol sol / Sol sol sol sol sol// fa# fa# sol sol sol
Mi mi mi mi mi re re mi mi mi / Mi mi mi mi mi// re re mi mi mi

A)
(Z)Sisi mimi mimi re'_re' do'_ ()sol la si la re re re re la sol x3
(Z) sisi mimi mimi fa#_fa#mi_()mi fa# sol fa# re re re re fa# mi x3
(Z)Sisi mimi mimi re'_re' do'_ () sol la si la sol la()
(Z) sisi mimi mimi fa#_fa#mi_() mi fa# sol fa# mi fa#()

B) [Mimi mimi mi'mi / *mi'mimi* mimi mi x4 PERCU Clap ()O()O foot O O O O

A – every day.... B – 1/2 INTRO + INTRO

C) Re'mi'_ re'mi'_ re're' mi're' re' mi'_]x3 re're' mi're' re' mi'_ re're' mi're' re' mi'_
[Re'mi'_ re'mi'_]x4 re' mi' re're' mi're' re' mi'_ re' mi' [re're' mi'mi'] x4

A) ()Sisi mimi mimi re'_re' do'_()sol la sila rererere la sol ()Sisi mimi mimi re'_re' do'_
()sisi mimi mimi fa# fa#mi ()mifa#solfa#rererere fa#mi ()sisi mimi mimi fa# fa#mi
()sol la sila rererere la_ la_ la_ sol ( ) [do' si la si] x4

Party Rock. LMFO

9 Música i cos

1. Completa amb les paraules clau aquest escrit sobre els instrumentistes i la salut:

CONCENTRACIÓ MUSCULATURA PRESSIÓ EMOCIONS ESTUDI

Els grans intèrprets de ballet i de música necessiten mantenir la .... en condicions i les .... preparades per aguantar la .... durant els concerts i la .... de la crítica. El problema dels instrumentistes són les moltes hores d'.................... aguantant l'instrument i/o mantenint la mateixa posició.

2. Escriu els números 1 o 2 segons les dificultats musculars que es poden trobar aquests joves músics:

1. Els **violinistes** i els **violistes** han de mantenir els braços elevats a l'altura de les espatlles i s'ha d'aguantar lateralment l'instrument.
2. El **violoncel** i el **contrabaix** carreguen molt l'esquena, per la posició del cos darrere de l'instrument.

3. Quins problemes físics tenen els pianistes?

....
....
....
....
....
....

4. Els instrumentistes de vent han de treballar a tres nivells: la respiració, la pressió dels llavis a l'embocadura i el suport del pes de l'instrument. Amb quin dels tres creus que està relacionada aquesta imatge?

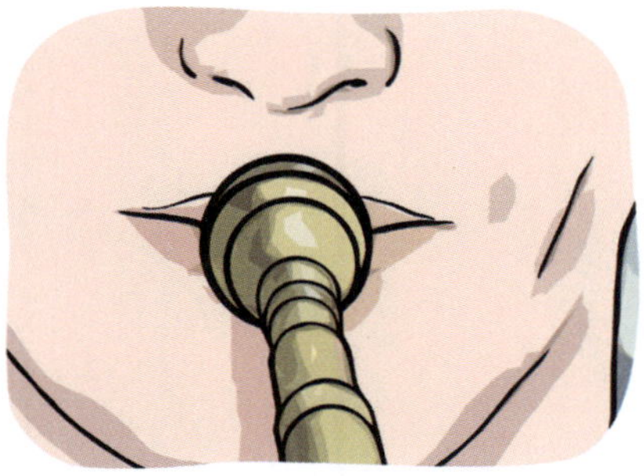

....

....

5. Hi ha instruments de vent-metall que pesen molt. Quin instrument és aquest?

....

4. Completa el text amb el nom dels instruments que hi falten.

OBOÈ FAGOT FLAUTA TRAVESSERA CLARINET

Amb la .... s'ha d'aguantar l'instrument lateralment i controlar la quantitat d'aire que s'emet.

Amb l'.., el **corn anglès** i el .... s'ha de fer molta pressió d'aire per fer vibrar la doble canya.

El .... i el saxòfon no tenen una posició gaire difícil. Els saxos es pengen amb una cinta al coll.

7. Escriu si les següents frases són veritables o falses:

a) Els instruments de percussió de l'orquestra són instruments molt variats.

b) Toquen amb una intensitat fluixa per no tapar el so de la melodia.

c) Solen fer ritmes molt sobtats i forts, per donar delicadesa a les simfonies.

d) També fan ritmes repetitius que requereixen entrenament muscular.

e) Els instruments de placa, com el xilòfon, són instruments de corda percudida.

f) Els carillons no són mai a l'orquestra simfònica.

8. La bateria és l'instrument de percussió que provoca més lesions a l'intèrpret, ja que els ritmes que fa són molt repetitius, sobretot per l'articulació del turmell en tocar el bombo. Els bateries preparen la musculatura de la cama i dels braços. Repassa les parts de la bateria i escriu-les a la imatge.

Bombo
Xarles
Timbales
Plats
Caixa
Goliat (timbal gran)

9. Contesta si són veritables (V) o falses (F) les següents afirmacions:

a) Amb el pas dels segles la **dansa** s'ha anat complicant. Cada vegada hi ha més exigència en la perfecció del treball del cos.

b) El **ballet clàssic** té uns moviments molt lliures i molt fàcils d'aprendre.

c) Els ballarins i les ballarines són persones amb molta **vocació** pel ball perquè el **treball físic i mental** que fan és molt intens.

d) Els ballarins clàssics han de treballar l'**elasticitat**, però no cal que tinguin força muscular.

10. Escriu les paraules següents on correspongui: *veu*, *cançons*, òpera, *gèneres*, *musicals*.

Hi ha .... musicals en els quals la protagonista és la .... Alguns són **gèneres dramàtics**, amb un argument representat amb música, com és l'.................................... o els .... i d'altres expliquen una petita història o una emoció, com les ....

11. Amb un cercador d'Internet escriu una òpera famosa de cadascun d'aquests compositors:

Händel ....

Rossini ....

Mozart ....

Bellini ....

Donizetti ....

Verdi ....

Wagner ....

12. Escriu el nom de tres obres de teatre musical.

....

....

....

13. Com es diu la primera òpera que ens ha arribat sencera?

La Traviata *Els mestres cantaires* *L'Orfeo* *Don Giovanni*

14. En quin període de la història de l'òpera estaven de moda els *castrati*?

Al Renaixement Al Barroc A l'òpera clàssica A l'òpera romàntica

15. Com són les melodies de les òperes clàssiques?

RECARREGADES I DRAMÀTIQUES BONIQUES I ELEGANTS

16. Com és la música de l'òpera romàntica? Parla de les orquestres, del caràcter, dels cors i dels teatres.

....

....

....

....

10 Repertori

1. Mira el tema 1, «Quen a omagen», i completa la partitura amb els compassos que falten.

2. Copia la partitura del tema 2, «Branle de Borgonya», i escriu el nom de les notes. També pots descarregar la partitura de la pàgina web d'Editorial Teide, escriure-la amb el programa MuseScore i escoltar-la. Quan entris les notes et desapareixeran els silencis que hi ha a cada compàs.

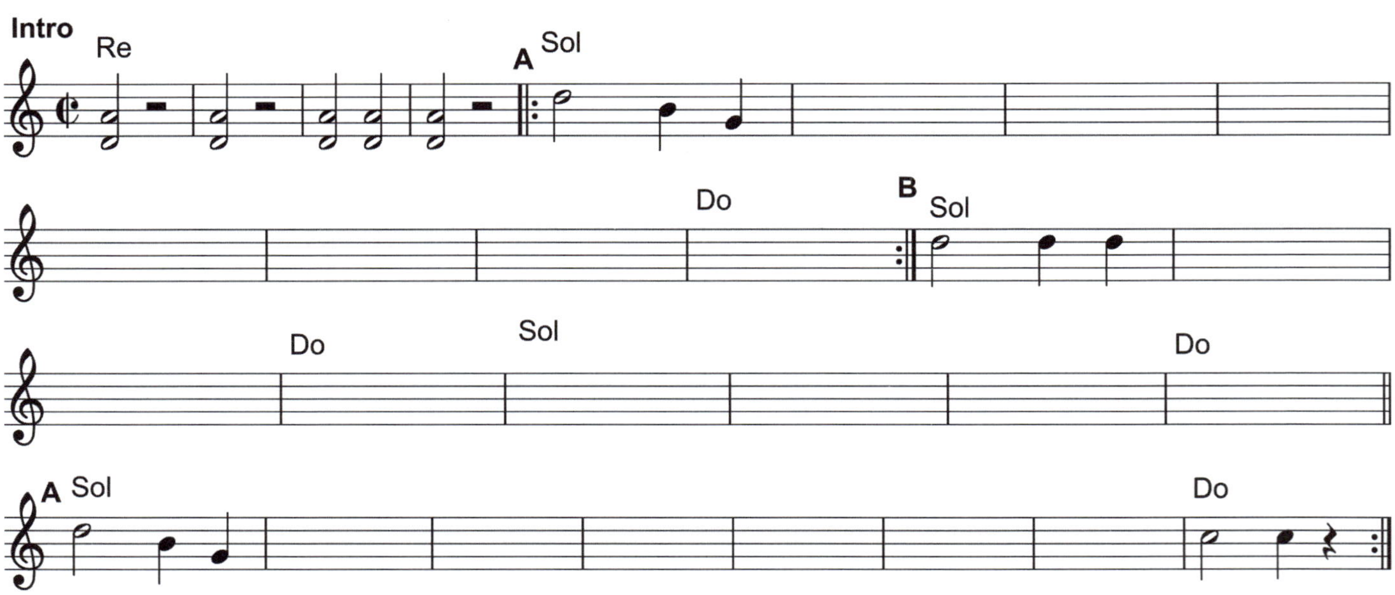

3. Busca al llibre la partitura del tema 3, «Propiñan de Melyor», i escriu-la una nota més aguda. Cal que davant dels fa i dels do hi hagi un sostingut per mantenir la proporció entre les notes. També pots descarregar-la de la pàgina web d'Editorial Teide, completar-la amb el programa MuseScore i escoltar com sona.

Per aconseguir que les corxeres surtin agrupades de dues en dues i no de quatre en quatre, com surt automàticament, cal anar al menú *Paleta* → *Propietats d'agrupació*, clicar sobre la primera i arrossegar el cursor fins que es posi de color el cap de la corxera que es vol agrupar (quan n'hi ha quatre, sobre la tercera).

4. Busca la partitura al llibre del tema 5, «Canticorum Jubilo», i escriu la segona veu de la A. També pots descarregar la partitura de la pàgina web d'Editorial Teide, escriure-la amb el programa MuseScore i escoltar-la a tres veus.

5. Mira la partitura de «La truita», hi ha la melodia i la part de piano. Escriu la partitura només de la melodia.

A la pàgina web de l'Editoral Teide hi trobaràs la partitura entrada amb el programa MuseScore. Hi ha la part de piano però falta la melodia, escriu-la. En acabar, escolta com sona la melodia amb l'acompanyament.

6. Busca el tema 11, «Land of Hope and Glory», d'Edward Elgar, i passa les notes de la segona i de la tercera veu de la semipartitura a la partitura. A la pàgina web de l'Editoral Teide hi trobaràs la partitura. Hi ha la melodia però hi falten les dues veus d'acompanyament, escriu-les. En acabar, escolta com sona la melodia amb les veus 2 i 3.

7. Busca la partitura del tema 12, «Fly Me to the Moon», i compara-la amb la que tens aquí al quadern. Aquesta partitura no és correcta, hi ha errors. Busca'ls i encercla'ls. Busca la partitura a la web d'Editorial Teide i corregeix les notes equivocades.

8. Busca la cançó 14, «Edelweiss», i completa el fragment amb primera veu de la cançó; la segona ja està escrita. Pots descarregar-te la partitura, completar-la i escoltar-la.

9. De la col·lecció de temes *Movie Hits*, de John Williams, troba el fragment de partitura del tema de la pel·lícula *Star Wars* i completa'l en aquesta partitura. Pots descarregar-te la partitura, completar-la i escoltar-la.

Per fer les notes amb punt cal clicar el punt del teclat amb la nota assenyalada.

Per fer els tresets de corxera, la primera de les tres es marca com a negra i després cal anar al menú *Notes → Grups irregulars → Treset*, i es posen les notes restants.

10. Busca la partitura del tema «DJ Got Us Fallin' in Love», del productor Usher, i escriu només les barres de repetició. Descarrega la partitura, posa les repeticions i escolta-la.

11. Escriu amb el programa MuseScore la A i la B del tema «We Found Love», de Rihanna.

Recorda de posar després el títol i l'instrument. Cal triar:

L'armadura: un bemoll El compàs: 4/4 L'estructura: són 16 compassos